Lb55 368

LA RÉPUBLIQUE

OU

HENRY V.

QUELQUES MOTS A BONAPARTE,

PAR

CASIMIR PERTUS,

Auteur du *Prenez Garde.*

BIBLIOTHÈQUE NATIONALE
R.F.
IMPRIMÉS

« Aujourd'hui, le but de tout gouvernement habile doit
« tendre, par ses efforts, à ce qu'on puisse dire bientôt :
« le christianisme a détruit l'esclavage, le triomphe de
« la révolution a détruit le servage, le triomphe des
« idées démocratiques a détruit le paupérisme.

L. N. BONAPARTE.

PARIS.

CHEZ LES MARCHANDS DE NOUVEAUTÉS.

1849.

QUELQUES MOTS

À

BONAPARTE.

Vous voilà donc au sommet de ce rocher superbe d'où l'on domine les hommes, et duquel souvent on ne tombe que plus bas à leurs pieds.

Vous voilà sur cette corde d'équilibre qu'on nomme le pouvoir.

Oui, vous voilà puissant, vous voilà grand! On vous présente les armes quand vous passez, et lorsqu'ils vous voient arriver de loin avec votre grand cordon rouge et votre éblouissant crachat, gagnés sur le champ de bataille de votre illustre berceau, les tambours battent aux champs! On vous crie de toutes parts vive le président, Vive *Bonaparte*! VIVE NAPOLÉON! VIVE L'EMPEREUR! On vous entoure, on vous loue, on vous adule, on se courbe, on rampe devant vous, et la queue incommensurable des égoïstes, des ambitieux, des traîtres, chamarrés d'or et d'argent, défile à vos pieds avec des prosternations non moins humbles, non moins serviles qu'autrefois lorsqu'ils passaient sous le regard d'aigle de votre oncle le grand empereur, qui sous ses pas faisait tressaillir le monde !

Oh ! alors, peut-être, citoyen Président, peut-être vous laissez-vous éblouir par tout cet éclat qui vous environne, peut-être vous créez vous un monde chimérique avec toutes les apparences illusoires et perfides qui tourbillonnent autour de vous ; et, fier du rôle que vous jouez, vous vous dites, le cœur gonflé d'orgueil : « Je suis l'élu de la nation ; comme le présent, « l'avenir est à moi ! Oui, l'avenir est à moi, car par « ses cinq millions de voix le peuple a mis en moi toute « sa confiance, et ma seule présence au pouvoir doit « faire son bonheur, puisque la confiance qui lui man- « quait hier, et qu'il a aujourd'hui, est la source fécon- « dante de toute prospérité dans l'agriculture, dans l'in- « dustrie et dans le commerce. »

Oh! prenez garde, citoyen Président, de vous tenir à vous-même un pareil langage ; car son raisonnement est doublement faux, et je vais vous le prouver.

La première erreur de cet *à parte* politique, supposé, c'est que malheureusement les cinq millions et quelques centaines de mille voix, qui vous ont salué comme Président de la République, sont loin de former cet harmonieux concert qui semblerait flatter vos oreilles : les unes sont sourdes et souterraines, comme celle de la conspiration; les autres sont stridentes comme celle de la raillerie; celles-ci sont rauques et rustiques comme celle de l'ignorance; celles-là sont chevrottantes comme celle de la vieillesse radoteuse, fredonnant un refrain du vieux temps; et, je vous le demande, comment le reste des voix qui vous ont franchement et loyalement proclamé président aura-t-il assez de puissance pour harmonier tous ces sons discordants?

Non, citoyen président, non, il ne faut pas vous illusionner : les uns vous ont nommé premier magistrat de la République, pour qu'en cette qualité vous soyez le pionnier, chargé de frayer et de battre le chemin au *prince Dieu donné, comte de Chambord Henri... de France;* les autres ont voulu à tout prix, desarçonner le grand sabreur du *National*, à cheval sur le canon menaçant de l'éternel état de siége, et vous faire danser au plus vite sur la corde tendue du pouvoir, pour battre des mains à votre chute, si vous prenez un mauvais balancier; ceux-ci, pauvres campagnards ignorants, rien qu'au rayonnement du nom qui a illustré la France, ont cru que vous feriez enfin luire le bonheur pour eux en les dégrévant des impôts, les seuls bienfaits par lesquels les eunuques du gouvernement provisoire leur ont fait connaitre la République. Ceux là, le front haut et cicatrisé, la moustache grise et relevée, ont espéré, malgré leur glorieuse jambe de bois, pouvoir bientôt, sous le drapeau de l'empire, emboiter le pas au défilé de nouvelles Victoires sœurs de celles *de Montenotte*, *de Lodi*, *des Pyramides*, *d'Austerlitz*, *de Vagram et d'Eyleau*; un grand nombre, intrigants cupides, amis de tout pouvoir qui va naître, pour se jeter ensuite à la curée des places, véritables mouches bourdonnantes du coche, n'ont eu en vue que le prix de leur dévouement, qui ne fut que bruyant; quelques uns peut-être, en mettant votre nom dans l'urne, l'ont fait franchement sans arrière-pensée; mais ceux-là, soyez-en sûr, sont peu nombreux.

Eh bien! citoyen président, après une pareille analyse de vos cinq millions et quelques centaines de mille voix, analyse que j'affirme exacte, qu'allez-vous faire?

Serez-vous le précurseur complaisant de Henry V?. C'est pourtant ce qui peut arriver, si vous n'y prenez garde.

Traiterez-vous en ennemis les socialistes, qui n'ont point de haine contre vous, eux, mais seulement de la méfiance à l'endroit de votre républicanisme; méfiance qu'il ne tient qu'à vous de dissiper.

Comment satisferez-vous ces bonne gens des campagnes à qui vos proneurs ont donné des espérances impossibles à réaliser sous le régime actuel de la société, et qui ont maintenant en leur pouvoir de quoi se venger de leurs désillusions: *le suffrage universel*, arme terrible qui est entre les mains de l'ignorance comme un glaive à deux tranchants dans celles de l'enfance étourdie.

Referez-vous l'empire en ramassant pour comparses les vieux débris de la vieille garde? Mais vous avez trop de bon sens pour ne pas prévoir que ce serait là une parodie de la pièce du *Cirque national*, parodie grotesque qui aurait pour tout mérite une des qualités requises par les classiques, c'est-à-dire les vingt-quatre heures de durée.

Au tour des intrigants et des avides : de quelle manière les gorger? car ils ne veulent rien moins ; ceux-là, vos amis de la veille, seront vos plus cruels ennemis du lendemain.

Quant à ceux qui vous ont nommé sans passion, sans arrière-pensée, mais avec d'honnêtes espérances, sachez qu'ils vous attendent à l'œuvre, et n'oubliez pas qu'au jour où nous vivons, les espérances sont de rudes créancières.

En vérité, citoyen Président, à ce premier aspect, je vous dois sembler un mauvais génie qui voudrait jeter le découragement dans votre esprit. Ne me prenez point pour tel : je veux sonder avec vous le terrain sur lequel vous marchez, et tâcher de vous indiquer celui qui mène à l'avenir.

Vous le voyez, citoyen Président, ce serait une illusion de votre part que de croire que votre seule présence au pouvoir suffise, par la confiance que vous inspirez, à faire le bonheur du peuple. Nous venons de palper ensemble la première erreur de ce raisonnement.

La seconde erreur, c'est que, en admettant même que tous ceux qui vous ont porté au sommet du pouvoir fussent unanimes dans leurs vœux et dans leur confiance, vous ne feriez pas encore la prospérité du pays par votre seule présence à la tête de la nation.

En effet, la confiance que je puis avoir en vous ne m'en donne pas en mon voisin, avec qui je pourrais traiter d'affaires si j'étais certain de sa solvabilité; et ce raisonnement doit s'appliquer à toute l'étendue de l'industrie et du commerce, aujourd'hui en décadence.

Ecoutez, citoyen Président, il faut être véridique avant tout; eh bien, j'avancerai un fait que nul ne contestera : jamais l'industrie et le commerce n'eurent autant d'activité que sous le règne de Louis-Philippe; et pourtant les ruines les plus éclatantes épouvantaient nos regards, la misère la plus effroyable étalait devant nous toute sa hideur. N'importe, il y avait alors une fièvre ardente d'industrie et de commerce; tous les moyens factices étaient mis en avant : les spéculations, les jeux de bourse, et les billets de complaisance pour des sommes énormes, dans presque toutes les maisons industrielles et commerciales, guerroyant toutes à la conquête de la fortune, et luttant entre elles avec acharnement.

Enfin la société marchait, courait comme ce fiévreux que le délire emporte hors de son lit, et qui, par son œil étincelant, semble être plein de vie quand il touche au seuil de la tombe.

Oui, citoyen président, c'était là le dernier effort que la société de l'individualisme faisait sur elle, même pour vivre ; et vainement, aujourd'hui qu'elle est dans son linceul, voudrait-on galvaniser son corps afin de la remettre sur pied.

Une transformation est devenue nécessaire, comme elle l'a été en 89, alors qu'une noblesse ruinée et corrompue avait assez foulé le peuple sous ses talons rouges; comme elle l'a été sous Louis XIII et sous Louis XIV ; alors qu'une féodalité orgueilleuse avait assez marqué l'empreinte de ses éperons au front de ses vassaux, en faisant brandir son estoc au-dessus de l'autorité du souverain ; comme elle l'a été, sous Louis-le-Gros, alors que le seigneur avait eu assez longtemps le droit de vie et de mort sur ses serfs.

Enfin, sans remonter plus haut dans les annales de l'histoire, une transformation de la société est devenue indispensable, comme elle l'a été chez tous les peuples à certaines phases de leur existence.

Toute transformation est une loi de la nature qui, lorsque toutes les autres sont violées dans une société, vient toujours s'imposer à celle-ci, parce que Dieu a mis dans le monde le grand germe de la vie qui veut sans cesse s'épancher et fait éclater le cercle quand il est trop étroit.

Voyez plutôt cet admirable travail de vitalité dans

l'humanité : à mesure qu'une nation s'accroît en population, ses habitudes changent, ses besoins se manifestent plus nombreux, et par cette admirable loi de la nature qui veut que l'être le plus utile à l'homme soit l'homme, ses jouissances se multiplient, variées et presque infinies.

C'est ainsi que s'élargit le domaine des arts et des sciences.

Notre société de *l'individualisme* est arrivée au dernier enfantement de ces ressources toujours nouvelles, fécondées par la nécessité et pour l'utilité du grand nombre. En effet, aujourd'hui, le génie brûlant de cette société vous donne la preuve de ce que j'avance en produisant ces machines merveilleuses, ennemies du travail de l'homme, et qui sortent de son cerveau comme un germe de mort pour la classe ouvrière, tandis que bien employées, elles doivent servir à l'expansion plus facile de la vie.

Vous le voyez, citoyen Président, une transformation de la société s'impose à nous par la nécessité impérieuse de la grande loi de vitalité humaine ; et cette transformation ne doit être autre chose que l'application large, entière, juste et invariable de cette prescription de la nature qui veut que l'être le plus utile à l'homme soit l'homme ; c'est-à-dire qu'il faut maintenant organiser tout le progrès fait jusqu'à ce jour, de telle sorte que chaque individu ait part aux bénifices de la société dans les limites de son concours à la procréation de ces bénéfices.

Alors les machines qui sont, aujourd'hui, désastreuses pour la classe ouvrière, seront des bienfaits qui iront se multipliant avec la population, afin de pouvoir satisfaire à ses besoins, et elles affranchiront l'homme du travail pénible et abrutissant qui fait vivre le corps au détriment de l'esprit. Enfin il faut organiser la solidarité.

La société de *l'individualisme* tombe sous les coups de l'antagonisme égoïste; celle du socialisme doit surgir et se développer par l'association dévouée.

Le socialisme n'est pas chose nouvelle dans le monde, il a déjà existé sous la forme barbare, il faut qu'il renaisse sous celle de la civilisation.

En effet, sans parler de ces tribus sauvages de l'Afrique et de l'Amérique, non plus que de cette vie de communauté des fidèles de la primitive Eglise, qu'est-ce que c'était que ces hordes guerroyantes de Francs qui, marchant sous le commandement du plus vaillant d'entre eux, ne reconnaissaient d'autre prédominance que celle du courage, et tiraient tous également au sort les lots provenant du butin de la victoire? N'était-ce pas là du socialisme?

Qu'était-ce que cette longue chaîne féodale qui de serment en serment, comme d'anneau en anneau, remontait du dernier vavasseur jusqu'au grand souverain royal? N'était-ce pas encore du socialisme?

Oui, c'était là d'abord du socialisme barbare, qui reflettait grossièrement la grande loi naturelle de solidarité humaine, et qui allait toujours s'éloignant de son origine et établissait le règne de la force au détriment de la liberté.

Et ces corporations des métiers, ces jurandes, ces maîtrises, n'était-ce pas là une sorte de socialisme qui fut emporté par le torrent révolutionnaire, parce qu'il n'était point animé du soufle divin de la Liberté, et que l'idée de servilité qui y était attachée empêcha de voir et de respecter celle d'organisation, susceptible d'être sagement autant que révolutionnairement modifiée.

Oui, la Liberté devait intervertir, par des efforts successifs et constants, tout cet ordre de choses, et je dirai plus : la force même de cet état de choses devait lui préparer son œuvre.

Aussi, voyons-nous, à plusieurs reprises, les rois eux-mêmes être obligés d'en appeler à la Liberté pour étayer leur puissance méconnue par une féodalité tyrannique et ambitieuse.

Louis-le-Gros est forcé de donner le signal en commençant l'affranchisement des communes, qui donne naissance au tiers-état au profit duquel devait apparaître et se développer la Liberté.

Louis XI frappe à son tour à coups redoublés sur cette féodalité formidable, tandis qu'il se montre populaire et libéral vis-à-vis des bourgeois.

Richelieu, sous le manteau de Louis XIII, achève cette œuvre de destruction de l'ordre féodal au profit de la royauté.

Louis XIV asseoit toute la grandeur de son règne sur des bases posées par Richelieu. Le despotisme alors est à son déclin, parce qu'il ne réside plus qu'entre les mains d'un seul homme, et que, du jour où ses mains seront trop débiles pour l'exercer, il tombera et se brisera à jamais. Cependant, sous Louis-*le-Grand*, la royauté est à son apogée; l'aristocratie est dénuée de toutes ses forces matérielles; elle ne reste plus qu'avec cet éclat factice des honneurs de naissance, véritable caducité de son âge, qu'elle va encore précipiter dans le désordre, dans la débauche; et la royauté, bientôt sans soutien, livrée à elle-même, dira, à son tour, son dernier mot; car si la royauté eût compris les conditions de sa durée, elle n'eût jamais cherché à détruire la féodalité qui, seulement modifiée, devait être son appui éternel.

N'y a-t-il pas là un jeu merveilleux de la Providence qui a mis la tyrannie des rois luttant contre celle des seigneurs, dans la nécessité de faire naître la Liberté qui, en grandissant jour par jour, devait avoir assez de force pour fouler les hauts manoirs et les trônes sous ses pieds?

La Liberté eut bien des combats à livrer depuis le jour où elle força le Dauphin Charles, fils du roi Jean, à se coiffer du chaperon rouge et bleu jusqu'à celui où elle vint poser sur la tête de Louis XVI le bonnet phyrgien.

Aujourd'hui, elle est complétement victorieuse des rois; mais elle porte en main, elle qui a brisé le sceptre, un caducée d'or et d'argent, c'est-à-dire qu'elle donne ses faveurs aux capitalistes, tandis qu'elle est âpre et rude pour les prolétaires.

Le jour est venu où elle doit jeter loin d'elle son caducée d'or et d'argent pour donner la main à l'Égalité.

L'Égalité a déja triomphé moralement depuis la déclaration des droits de l'homme; c'est à nous de la constituer physiquement.

Quand je parle de l'égalité physique, je n'entends pas ce niveau abrutissant qui nous attacherait au sol par le partage. Non, ce n'est pas là l'égalité que j'entends : la véritable égalité physique c'est la faculté accordée à tous les hommes, comme Dieu l'a voulu, de se produire avec l'inégalité de leurs aptitudes, qui forme la diversité des fonctions, faculté qui n'existe pas aujourd'hui, puisque la misère et la fortune rivalisent ensemble pour intervertir cet ordre de la nature; la misère, en mettant obstacle à l'éclosion de certains talents qui restent enfouis par le défaut d'éducation; la fortune, en poussant en avant des êtres qui, par leur manque de capacités, sont de vrais usurpateurs de leur position. Enfin la véritable égalité c'est l'équilibre entre les devoirs et les droits des citoyens; les devoirs étant basés sur la puissance de leurs aptitudes; leurs droits sur leurs besoins dans l'exercice de leurs fonctions.

Vous me pardonnerez, citoyen Président, d'être monté avec vous vers ces hautes régions de l'histoire et de la métaphysique ; mais, vous le savez, l'une et l'autre sont utiles pour qui veut être à la tête d'un peuple: celle-ci nous indique les lois de la nature; celle-là nous apprend comment l'humanité, dans sa marche, les a violées, et toutes deux nous tracent le chemin de l'avenir.

C'est une belle époque que la nôtre; elle est appelée à fermer le gouffre des révolutions en y élevant au-dessus le temple universel de la Fraternité ; car qui dit fraternité dit à la fois, Liberté et Egalité.

Notre tâche est donc d'harmonier la Liberté et l'Égalité.

C'est l'heure définitive de la révolution égalitaire complète qui a sonné en 1848, comme celle de la révolution libérale complète sonna en 1789.

Cette révolution égalitaire a déjà parcouru toutes les phases de son côté moral, puisque nous sommes tous égaux devant la loi, et que de plus nous avons tous aujourd'hui les droits politiques au même degré. Il s'agit donc maintenant de réaliser son côté physique. En d'autres termes, nous avons l'âme de l'Égalité, il faut lui donner un corps.

Votre devoir, citoyen Président, si vous savez comprendre votre mission, est donc d'être révolutionnaire égalitaire.

Sachez-le, votre oncle, le grand Empereur, a été le révolutionnaire organisateur de l'égalité morale; serez-vous celui de l'Égalité physique?

Tant que Napoléon fut franchement révolutionnaire, il fut heureux et triomphant ; mais du jour où il sembla renier son œuvre en voulant mêler son sang à celui des Césars du droit divin, il vit la Fortune lui tourner le dos, et la Victoire, qui n'avait jamais quitté nos armées républicaines, aima mieux déserter dans le camp des tyrans que de guider les bataillons d'un renégat !

Austère vérité qui semble jeter une ombre de défaveur sur le grand homme, et qui, par cela même, doit être un grand avertissement pour vous.

Oui, Napoléon fut heureux tant qu'il fut révolutionnaire, et le succès l'abandonna du jour où il méconnut son œuvre.

Suivez plutôt avec moi, au pas de charge, l'existence du grand capitaine, et vous verrez si je dis vrai.

Laissons passer au galop l'armée des Alpes, où dans une escarmouche, près du Mont-Genèvre, il gagne ses éperons.

Passons, sans nous arrêter, vers ces canons retentissants dont les boulets en feu vont jeter le désordre et la défaite dans la place de Toulon.

Jusque là, comme il le dit lui-même quelque part, la politique a été étrangère à Napoléon.

Mais voici vendémiaire qui vient mettre en ses mains la défense de la Révolution contre les sectionnaires du royalisme : il est vainqueur, et, dès ce jour, sa destinée est attachée à celle de la Révolution. Il la mesure du regard; il comprend qu'elle doit parcourir sa marche victorieuse, *parce qu'elle a pour elle l'audace et le nombre.* Ce sont là ses propres expressions.

Bientôt l'Italie devient le théâtre de ses exploits; non seulement il y fait triompher la Révolution, mais encore il l'y organise, en substituant à l'ancien régime politique celui de l'Egalité qui est, comme il le dit lui même, la *chevillé ouvrière de la révolution.*

Il a chassé l'Autrichien de l'Italie; il le poursuit jusque sur son propre territoire; de bataille en bataille il arrive jusqu'aux portes de Vienne, et signe le glorieux traité de Campo-Formio.

Décidément, le voilà devenu l'épée de la Révolution pour laquelle il veut grandir encore, afin de l'incarner dans sa personne; et les combats homériques de la glorieuse expédition d'Egypte y vont puissament concourir.

Le pays des Pharaons le renvoie entouré d'un prestige de gloire qui le fait mettre définitivement à la tête de cette grande et belle Révolution sur le point de rétrograder par la lutte entre les Royalistes et les Jacobins. Ceux-ci rêvent un avenir encore mal défini; ceux là prétendent reconstruire un passé à jamais détruit; ni les uns ni les autres n'ont la majorité du pays; mais entre ces deux camps se trouvent tous les éléments conquis pour édifier le présent, c'est-à-dire constituer à jamais le règne de l'Egalité morale. C'est ce qu'a compris Napoléon : il empêchera les premiers, qui ne sont encore que l'imagination brûlante de la seconde partie de la Révolution, d'entraîner le pays à travers des décombres où la Raison n'a pas encore jeté de nouveaux fondements ; il arrêtera les derniers, tirant derrière eux vers le joug du passé ceux qui ont intérêt à profiter de ce que le présent peut réaliser, mais que la lassitude et l'incertitude de la lutte poussent à perdre les fruits de leur victoire, parce qu'ils n'ont personne pour leur apprendre à les récolter. En un mot, il va organiser et légaliser, au nom de la Bourgeoisie découragée, cette révolution de l'Egalité morale, qu'il va porter au bout de ses baïonnettes sur toute la surface de l'Europe!

L'Angleterre a refusé la paix ; l'Autriche a repris l'Italie: en avant, courageux enfants de la République! sans argent, et presque sans armes, votre Consul va vous mener vaincre à Marengo!

Cette victoire lui donne assez de loisir pour réaliser à l'intérieur tout ce qui doit asseoir sur des bases inébranlables la révolution. Terrible pour toutes les factions, il viole d'un côté, il est vrai, la légalité en éliminant les membres exaltés du Tribunat; mais il la reconstituera d'un autre côté en formant une nouvelle législation. Il va moraliser la Révolution en rétablissant le culte de Dieu; il va la fortifier en restaurant les finances. Il veut qu'elle triomphe définitivement; et pour cela, il faut qu'elle ait pour elle la moitié de l'Europe plus un, résultat qu'il ne peut obtenir qu'autant que la France sera maîtresse d'elle-même. Aussi, il paralyse la Liberté pour fortifier l'Égalité morale. Il vise à l'unité de pouvoir, parce qu'il lui faut l'unité d'action pour sa grande œuvre!

Il devient Consul à vie; il se fait Empereur.

Avec son sabre, il efface le mot République, parce qu'il comprend que cette Révolution, toute grande qu'elle est, est encore trop étroite pour le nom de *République*, qui porte en lui seul la vrai signification de la révolution compléte de l'Egalité morale et physique.

N'importe! s'il a détruit la République, qui n'existait déjà plus que de nom, il a constitué un pouvoir qui, tout unitaire qu'il est, n'en est pas moins basé sur des institutions révolutionnaires. Bien plus, la constitution de l'empire établissait une sorte de socialisme militaire, puisqu alors toute la nation semblait être dans l'armée, et que là chacun s'élevait selon son courage et son mérite. En un mot, la première partie de la Révolution, c'est-à-dire celle de l'Egalité morale, était organisée par les institutions de l'empire.

Aussi, les rois, qui avaient espéré que la Révolution française achèverait de se dévorer elle-même, sont épouvantés de lui voir prendre une forme unitaire, vigoureuse; et la coalition recommence.

Voici le champ de bataille ouvert de nouveau, et la Révolution, avec la rapidité de la foudre, triomphe successivement à Ulm, à Austerlitz, et signe une paix honorable à Tilsit.

Alors, Napoléon veut laisser respirer l'Europe; il

médite la paix ; mais bientôt les Prussiens l'appellent au combat pour être battus. Il établit le système continental contre la perfide Albion, et trouve par là l'occasion d'aller montrer le drapeau de la Révolution à l'Espagne, qui n'en est pas encore digne.

Il lui faudra aussi triompher de l'Autriche ; car l'Angleterre est toujours là à attiser le feu de la guerre, parce qu'elle comprend que la France, par son émancipation, doit la gêner dans sa tyrannie commerciale.

Jusque là tout va bien ! c'est que Napoléon consolide tous les jours de plus en plus le régime de la révolution de l'Egalité morale ; aussi le succès lui a constamment été fidèle. Il a bien fait une première faute en mettant sa personnalité de moitié dans ses prévisions de l'avenir, au point de se faire empereur héréditaire, et de donner des rois de sa famille à différentes contrées de l'Europe. Empereur par l'élection, il ne lui était pas permis de donner au principe électoral le droit d'anticiper sur l'avenir; il devait lui laisser le soin de lui désigner plus tard un successeur. Cependant, on peut, jusqu'ici, lui pardonner cette mesure prévoyante, dans la pensée qu'il agit ainsi pour inculquer une plus grande force à son autorité organisatrice, luttant contre les factions, bien persuadé toutefois que le temps seul réglera pour l'avenir ce qu'il fait au présent.

Mais non, Nopoléon se laisse aveugler par son ambition ; il va devenir le plus grand ennemi de son œuvre ! Il veut voir grandir sur les degrés de son trône impérial un noble rejeton; et, pour que ce rejeton soit digne de lui, il faut qu'il ait dans ses veines du sang vraiement royal. Voilà l'abîme où son grand orgueil s'anéantira.

Il épouse l'archiduchesse d'Autriche! lui, le grand organisateur du principe de la Révolution, s'allie aux répresentants du principe aristocratique du droit divin! Il semble vouloir faire oublier son origine et greffer sa race sur cet arbre séculaire, contre lequel s'est déchaînée la tempête révolutionnaire dont il est né! Immense folie de l'orgueil! Tout ce qu'il a fait, tout ce travail de géant, sur lequel il a assis la Revolution de l'Egalité morale, s'affaise sous le poids de son ambition.

Le *révolutionnaire* a disparu; il ne reste plus qu'un *usurpateur*...

C'en est fait de lui: il a ramené les idées vers l'ancien ordre de choses, et il va tomber. En vain il espère s'appuyer sur une noblessse de parvenus, glorieux il est vrai, mais trop gorgés d'or et tout prêts à l'abandonner quand il faudra quitter pour les camps les douceurs de l'égoïsme, qu'ils ont appris à connaître; en vain il a tenté d'attirer à lui les anciennes familles: elles ont dédaigné ses avances, car elles se sentent fortes en se retrouvant sur leur terrain; elles n'ont que faire du *général Buonaparte;* elles n'ont plus qu'à avancer d'un pas pour rentrer de plein pied dans leurs prétendus anciens droits.

Aussi, voyez comme l'étoile du grand capitaine

pâlit ! Moscow commence la série des défaites successives qui vont le conduire jusqu'à l'île d'Elbe.

De l'île d'Elbe il reparaît encore. Cette réapparition de ce revenant de la gloire sera comme un rêve fugitif d'une armée fanatique, rêve auquel, par surprise, participera la France toute entière qui, tout en conservant le souvenir des conquêtes définitives que Napoléon lui avait fait faire dans le domaine de la Révolution, avait préféré contracter, sous le sabre du cosaque, une alliance fornicatrice avec le régime du *Droit divin*, lui apportant des espérances de liberté nécessaire à sa marche révolutionnaire, plutôt que de s'arrêter à genoux en ployant la tête sous le joug du despotisme d'un renégat !

La grande faute de Napoléon fut d'avoir cru que, par les institutions de l'Empire, relevées de son union avec une fille des Césars, la Révolution était arrivée à sa dernière étape. En l'arrêtant ainsi, il lui donna un air de parenté avec l'ancien régime; et par là il réveilla les espérances du passé, qui le perdirent.

Les événements lui ont fait comprendre cette faute : avec les cent jours, il est forcé de prendre un nouveau rôle. Il lâche un peu les rênes à la Révolution. Mais lui, qui a si bien su organiser le premier terme de cette Révolution, qui est l'*Egalite morale*, ne voit qu'à travers un nuage épais son second terme, qui n'est autre chose que *l'Egalité physique*.

Aussi, il n'a plus cette foi qui fait la force du révolutionnaire; il s'avance sur un terrain qu'il ne connaît pas; et, en y avançant sous le drapeau de la Liberté, à la suite de laquelle il guide aujourd'hui ses pas, il va tomber, parce que chacun voit que ce rôle ne va pas à sa taille. Les républicains se méfient de lui ; la caste impériale, qui a oublié ses généreux instincts populaires au sein des grandeurs et de ses privilégés conquis, s'en alarme ; la vieille noblesse lève les épaules de pitié, parce qu'elle se croit forte par les circonstances; et le reste de la foule bourgeoise, ne sachant plus où elle va, l'abandonnera du jour où elle verra que la paix, nécessaire à ses jouissances égoïstes, sera mise en jeu : aussi Waterloo ne se fait pas attendre.

Après Waterloo, Sainte-Hélène!

Que dire maintenant, afin de donner le dernier coup de pinceau au portrait de l'homme qui semblait trouver l'univers trop étroit pour marcher, et qui est, à cette heure, attaché sur l'étroit sommet d'un rocher brûlant?

Napoléon fut le génie providentiel des idées mûres du présent; sa mission était de les réaliser, parce qu'en les réalisant, il y trouvait toute l'expansion de sa nature par les bénéfices glorieux qu'il en retirait.

Merveilleuse prévoyance de la loi du progrès, qui fait que l'homme, tout en suivant les instincts de sa nature, sert au triomphe des principes qui sont plus forts que les hommes! Ainsi, voyez Napoléon, en assoyant, en enracinant le principe de la révoution de *l'Éga-*

lité morale, ne fait, après tout, que satisfaire sa nature d'homme supérieur et ambitieux, en devenant successivement premier Consul, Consul à vie, Empereur ! C'est pourquoi l'œuvre propre à son génie une fois terminée, il ne reste plus que l'homme satisfait, et de trop sur la scène du monde qui, toujours révolutionnaire pas sa nature, ne peut s'arrêter avec un homme, mais veut toujours aller vers les idées de l'avenir destinées à mûrir à leur tour.

Et voilà Napoléon sur le rocher de Ste-Hélène, méditant sur la Révolution ! Il comprend, maintenant, qu'il ne lui a fait faire que sa première étape, celle de *l'Egalité morale* ; il l'entrevoit s'acheminer à travers la poudre des combats de l'avenir vers sa seconde et dernière étape, celle de l'Egalité physique, et alors il s'écrie : « *Avant cinquante ans, l'Europe sera Républicaine, ou Cosaque,* » c'est-à-dire, avant cinquante ans le *privilége* sera vaincu définitivement, ou retriomphera sur toute la ligne ; l'Europe sera à l'apogée de la civilisation, ou retombera dans la babarie !

Si le privilége est vaincu définitivement, ce sera donc le règne de l'Egalité complète, c'est-à-dire la *République* qui le remplacera : c'est là ce qu'a voulu dire Napoléon ; car, s'il n'eût voulu parler que du premier terme de la Révolution qu'il avait organisée, et que nos aveugles d'aujourd'hui regardent comme le dernier mot du progrès, il n'aurait pas prononcé le divin mot RÉPUBLIQUE qu'il s'était bien gardé de conserver, lui, parce qu'adapté aux institutions exclusivement bourgeoises, il savait que c'était un titre menteur.

Ainsi donc Napoléon, qui avait traité *d'idéologues* les écrivains républicains, devint idéologue à son tour.

Il n'est pas étonnant que ce grand capitaine ait, pour un instant, dédaigné ces hommes qui enfantaient les idées de l'avenir, quand lui avait tant de faits à accomplir dans le présent. Mais du jour où sa tâche fut terminée, quand, précipité du faîte des grandeurs, il eut cessé de ne voir qu'à ses pieds, il regarda devant lui, et comprit que les *idéologues* n'étaient, après tout, par leur ensemble, que la pensée révolutionnaire précédant et déterminant toujours l'action. La Révolution de *l'Egalité morale*, qu'il avait régularisée, avait eu aussi ses idéologues, et ces idéologues se nommaient Jean-Jacques Rousseau, Voltaire, d'Alembert et Diderot!

Napoléon, le grand organisateur de la Révolution de *l'Egalité morale*, a donc entrevu à l'horizon celle de *l'Egalité* physique.

C'est cette dernière qui, en juillet 1830 et en février 1848, eut ses premiers symptômes de réalisation, et que des ergoteurs égoïstes voudraient déguiser à tous les esprits.

Oui, c'est à la faveur de l'idée encore nuageuse de l'égalité physique, que, par le peuple, la Bourgeoisie a fait le mouvement de 1830.

Ce mouvement de 1830 prépara les voies de *l'Égalite physique* en ce sens, qu'en aidant la Bourgeoisie à étendre de plus en plus à son profit exclusif celle de *l'Égalité morale*, elle précipitait par les abus, qui allaient en naître, la marche des événements.

En effet, le 24 février se leva à l'horizon ; et les conséquences naturelles de ce second mouvement sont les réformes sociales et graduelles vers L'ÉGALITÉ PHYSIQUE dont l'idée cette fois fut nettement formulée le jour où le gouvernement provisoire fut forcé, en quelque sorte, d'en jeter les basés fondamentales par la promesse du *droit au travail*.

Depuis, il est vrai, cette promesse n'a pas été tenue ; mais elle n'en reste pas moins vivace aux flancs de notre Révolution de 1848.

Elle est comme un cachet apposé à notre époque, et que les esprits retardataires s'efforcent en vain d'effacer : plus ils voudront la gratter avec leurs ongles, plus ils en enfonceront l'empreinte.

De toutes parts on nie, aujourd'hui, les tendances sociales de notre révolution de 1848 vers l'Égalité physique; et on nous montre pour raison évidente le flot, tous les jours grossissant, de ce qu'on est convenu d'appeler la *réaction*, sous le souffle même du suffrage universel, tant invoqué par les républicains!

Cette preuve, qui parait si évidente à l'encontre du Socialisme, doit être revendiquée par celui-ci, et je m'explique.

Tout ce qui se passe aujourd'hui et qu'on décore du

nom de réaction est tout naturel. Dans la foule des villes et des campagnes, le seul mot de République, dont ses premiers installateurs redoutaient tant l'effet terrifiant, avait, au contraire, fait naître de grandes espérances d'améliorations sociales; et ces espérances ont été réalisées par l'impôt perturbateur des 45 centimes.

Dès lors la foule, qui est socialiste par instinct et par ses besoins, puisque le socialisme n'est autre chose qu'une aspiration vers un ordre de choses meilleur, s'est prise à maudire la République et à faire du socialisme à contre-sens, en semblant, pour un instant, vouloir se ruer vers le chemin du passé, où se tient aux aguets, en cachant ses griffes, le despotisme vaincu déjà tant de fois! Voilà où est la gravité de notre situation. Oui, citoyen Président, à l'exception des hobereaux et des meneurs éhontés du parti rétrogade, la réaction n'est autre chose que l'instinct socialiste des masses qui, si l'on n'y prenait garde, se fourvoierait dans un chemin de traverse, parce que les impuissants du gouvernement provisoire n'ont pas eu assez de virilité d'esprit pour diriger leurs premiers pas sur la grande route de l'avenir.

N'importe! le Socialisme, autrement dit le second terme de la grande révolution égalitaire, n'en triomphera pas moins un jour. Il triomphera, parce qu'il surgit de la force même des choses.

Comment voulez-vous que cette vieille société marche encore longtemps, quand elle court à la banqueroute du trésor public ; quand, par la grande division de la propriété foncière, l'agriculture se ruine ; quand la spéculation fait de l'industrie et du commerce un vaste champ de bataille où l'on se pousse, où l'on se heurte, où l'on s'écrase, où l'on s'entretue ?

Je ne vous ferai pas l'historique de la spéculation, ce protée aux mille formes, qui en est arrivé à monter du salon du gros capitaliste jusque dans la mansarde du pauvre ouvrier ; lequel, s'il est assez heureux, par protection, d'avoir de la confection plus qu'il n'en peut faire seul, bénéficiera aussi sur le travail de son camarade quand il lui en aura procuré. Voyez quelle fièvre de spéculation! Elle circule même dans les veines de la misère, qui se débat contre elle.

Cette spéculation, dont l'âme est le capital numéraire, marche vers une épouvantable féodalité d'argent, pour laquelle le gros capitaliste cherche toujours à dévorer le petit. Jugez-en plutôt.

Pierre a cent mille francs; il veut gagner un million dans un certain laps de temps ; il ouvre un vaste magasin où il vend de tous les objets que tiennent, chacun dans sa spécialité, Jean, Jacques, Etienne et François, petits boutiquiers, ses voisins. Il a acheté au comptant, il paie moins de loyer relativement, il vend davantage, vu le nombre de ses articles; par conséquent, il peut livrer à meilleur compte que sesdits voisins qui, pour soutenir la lutte avec lui, tomberont dans le gouffre de la faillite, faillite dont il profitera aussi par le rachat des marchandises. Il en résulte, sur toute la ligne, une grande baisse qui forcera encore le manufacturier à baisser également celui de fabrique.

Pierre, lui, quand il aura gagné son million, ira probablement, toujours poussé par le vertige de la spéculation, se faire dévorer par les gros loups cerviers de la bourse. C'est ainsi que naît aujourd'hui la féodalité d'argent.

Au milieu des douleurs sociales causées par ce monstrueux enfantement, que devient le travail? c'est-à-dire la vie de vingt millions de prolétaires sur trente-cinq millions de citoyens?

Les conditions du travail se montrent de plus en plus dures, et la misère étend son empire à l'infini; car le rabais dans les prix de vente ne s'opère qu'au détriment de ceux de fabrication ; et la consommation diminue d'autant plus qu'elle est inaccessible à la classe ouvrière, gagnant à peine la vie animale ; et que la classe capitaliste l'évite davantage pour consacrer le plus possible de son avoir à la spéculation.

Enfin, nous arrivons à ce résultat que, grâce à la spéculation, la production surpasse toujours de beaucoup la consommation ; et que, comme vous le dites fort judicieusement quelque part, citoyen Président, nous *sommes obligés d'aller chercher des consommateurs en Chine, quand, chez nous, des milliers d'invidus, man-*

quant du nécessaire, ne demanderaient pas mieux que de consommer, s'ils le pouvaient.

Ainsi, d'après vos propres expressions, vous le voyez, les aspirations socialistes ne sont pas des aspirations chimériques.

Bien plus, le principe même de l'Egalité morale fortement appliqué mène tout droit au Socialisme, c'est-à-dire à la réalisation nécessaire de l'Egalité physique. En effet, quelle est la plus grande conséquence de l'application du principe de l'Egalité morale, aujourd'hui en vigueur? C'est l'accessibilité d'un nombre illimité à la propriété. Or, que résulte t-il de cette oonséquence, autrement dit de la grande division de la propriété? La diminution, tous les jours plus sensible, du chiffre de consommation, tandis que celui de production tend, au contraire, à constamment augmenter.

En effet, celui qui a cent mille francs de rentes en propriétés foncières, peut dépenser chaque année ses revenus, sans avoir besoin d'économiser pour l'avenir; mais supposez que cet avoir, par l'effet de la division de la propriété, se trouve maintenant entre les mains de vingt possesseurs; chacun de ces vingt possesseurs, n'ayant que cinq mille livres de rentes, voudra mettre de côté au moins la moitié de ses revenus, pour la livrer à la spéculation, et par là, la consommation sera diminuée d'autant. Or, je vous le demande, qu'est-ce qui rend la spéculation productive? C'est la consommation; voyez dans quel cercle vicieux la société tourne, si elle s'obstine à ne pas vouloir continuer son chemin vers le progrés.

Il reste donc bien prouvé par là que l'application entière du principe de l'Egalité morale amène, comme conséquence naturelle, celle de l'Egalité physique, qui sera le règne de la grande solidarité humaine, organisée par l'association.

Quelle conséquence autre tirer de là ? à moins que ce ne soit la reconstitution de la grande propriété par le rétablissement du droit d'aînesse, par la restitution des biens de l'église, autrement dit par la destruction de toutes les conquêtes de la Révolution qui n'est, après tout, que l'âme de l'humanité?

C'est pourtant ce que les Royalistes rêvent aujourd'hui, eux qui nous traitent d'utopistes, parce que nous voulons faire dévolopper tous les jours l'âme de l'humanité, pour qu'elle puisse vivre plus longtemp, tandis qu'eux veulent la lui arracher, comme si c'était une chose possible.

Lesquels sont les plus utopistes d'eux ou de nous? je vous le demande, Citoyen président, maintenant, qu'à l'aide de toutes les passions et de tous les besoins, le suffrage universel vous a mis à la tête de notre jeune République, quels sont vos devoirs?

C'est de ne pas vouloir, comme vous le conseilleront certains esprits brouillons et perfides, mettre la lumière sous le boisseau, parce que la lumière brûlera le boisseau et la main qui l'aura posé.

C'est, tout en maintenant l'ordre matériel, de ne point faire de la compression, parce que la compression est toujours une arme dans laquelle les gouvernants ne font qu'entasser de la poudre, pour qu'elle éclate plus traîtreusement dans leurs mains ;

C'est d'accepter à l'examen et surtout à l'expérimentation toutes les idées même les plus insensées, s'il s'en trouve; et le terrain sera bientôt déblayé de tous les rêves, pour laisser la place à la réalité pratiquable ;

C'est de ne pas entrevoir dans vos songes le manteau pourpré, où tourbillonnent mille abeilles d'or ; autrement vous pouvez, à votre reveil, faire commander en même temps l'hermine fleurdelisée.

En vérité, je vous le dis, il ne peut plus y avoir que deux principes en présence: celui de la République avec toutes ses conséquences, et celui de la Légitimité avec toutes les siennes; c'est-à-dire l'affirmation et la négation, la Civilisation et la Barbarie.

Si par malheur, vous ne vous pénétrez pas bien de cette vérité, vous passerez comme l'éclair, avec votre grand cordon rouge et votre éblouissant crachat; et derriere le nuage de poussière qu'auront soulevé les pieds de votre coursier, apparaîtra bientôt Henri V, dont vous aurez été le premier piqueur grotesquement chamarré!

Ce n'est pas que je doute pour cela du triomphe de la République; non, il faut qu'elle l'emporte tôt ou tard; mais alors, ce serait à travers des flots de sang.

Réfléchissez-y, citoyen Président ; c'est pourquoi je vous jette ce dernier cri qui doit toujours tenir votre esprit en éveil :

la RÉPUBLIQUE ou HENRI V.

BIBLIOTHÈQUE NATIONALE R.F. IMPRIMÉS

FIN

PARIS: — Imp. de MAISTRASSE et Cᵉ, place du Chevalier du Guet, 8.

www.ingramcontent.com/pod-product-compliance
Lightning Source LLC
La Vergne TN
LVHW010405240826
846091LV00019B/2755

* 9 7 8 2 0 1 1 7 6 8 3 6 0 *